AF221558

Michel Voisard

Der Individuationsprozess nach C. G Jung

Eine Einführung

2021

Bibliografische Information der Deutschen Nationalbibliothek: Die Deutsche Nationalbibliothek verzeichnet diese Publikation in der Deutschen Nationalbibliografie; detaillierte bibliografische Daten sind im Internet über dnb.dnb.de abrufbar.

© 2021 Michel Voisard
Herstellung und Verlag: BoD – Books on Demand, Norderstedt

ISBN: 978-3-75340-884-2

„Niemand kann diese Dinge wirklich begreifen,
der sie nicht selber erfahren hat."

C. G. Jung

Inhaltsverzeichnis

1. Einleitung

Dieses Buch hat zum Ziel, in das von Carl Gustav C. G. Jung entwickelte Konzept des Individuationsprozesses einzuführen. Auch zusätzliche wichtige Konzepte von C. G. Jung fliessen dabei mit ein, da der Individuationsprozess im Zentrum seines Gesamtwerks steht. Insofern geht diese Arbeit über das Thema hinaus, erläutert auch diese Konzepte und setzt sie in Bezug zum Individuationsprozess.

Im ersten Kapitel soll der Begriff „Individuation" definiert werden. Definieren muss immer auch als Abgrenzen verstanden werden, und entsprechend wird der Begriff anderen, verwandten Begriffen, wie Individualisierung bzw. Individualismus, gegenübergestellt. Dabei wird deutlich, dass es sich bei der Individuation um einen Differenzierungsprozess handelt.

Das zweite Kapitel zeigt auf, wo sich solche Differenzierungs- bzw. Abgrenzungsaufgaben manifestieren können. Ein Individuum kann sich nach aussen hin, zur Umwelt bzw. Gesellschaft, abgrenzen, es kann aber auch die Auseinandersetzung nach innen, zum persönlichen und kollektiven Unbewusstsein, suchen. Zum ganzheitlichen Individuationsprozess gehören beide Richtungen.

Im nächsten Kapitel wird, ausgehend von der Frage nach dem Beginn des Individuationsprozesses, aufgezeigt, dass innere und äussere Faktoren in Richtung einer bewussten Individuation drängen können. Zudem wird auf die „Bestimmung" als weiteren, wohl wichtigsten auslösenden Faktor des Individuationsprozesses eingegangen, da ein innerer oder äusserer Faktor allein, z.B. Not, nicht ausreicht.

Anschliessend folgt die Beschreibung des eigentlichen Individuationsprozesses. Im dialektischen Prozess zwischen Bewusstsein und Unbewusstsein kommt es zur sogenannten *transzendenten Funktion*, zu einer Annäherung dieser beiden Teile der Psyche. Anhand der bereits im zweiten Kapitel aufgeführten Differenzierungsaufgaben werden die Offenbarungsmöglichkeiten des Unbewussten sowie Anhaltspunkte für einen gelungenen Prozess aufgeführt. Jede dieser Aufgaben wird kurz beschrieben und der jeweils damit verbundene Prozess erläutert.

Abschliessend werden Funktion und Konsequenzen der Individuation aufgeführt. Der Individuationsprozess führt zu einer *Verselbstung*, macht einen zum Wesen, das man ist. Dies kann im Gegensatz zu sozialen Normen stehen und entsprechende Konflikte hervorrufen. An dieser Stelle wird deutlich, dass es beim Individuationsprozess nicht darum geht, etwas Besseres zu werden, sondern ganzheitlicher. Ganzheitlichkeit bedeutet hier, auch Negatives, Unangenehmes zu akzeptieren bzw. Unkonventionelles zu wagen – das Glück der Ganzheit hat seinen Preis.

2. Individuation und Individualität

Um Begriffe zu definieren, bieten sich nur zwei Möglichkeiten an: Man beschreibt das, was mit dem Begriff gemeint ist, oder man grenzt den Begriff ab mit Begriffen, die eben nicht gemeint sind, und dies am einfachsten mit dem gegenteiligen Begriff. Im ersten Fall wird der Begriff tautologisch, im zweiten paradox definiert. Hier soll zuerst der Begriff *Individuation* mit verwandten Begriffen verglichen und von ihnen abgegrenzt werden. Anschliessend gehen wir auf Definitionen von Individuation ein.

Individualität
Individuation und Individualität sind keine gegenteiligen Begriffe, sondern bilden ein Bedingungsverhältnis: Ohne Individualität gibt es auch keine Individuation. Die beiden Begriffe werden oft miteinander verwechselt. Die menschliche Individualität zeigt sich am deutlichsten am Körper, also physisch und physiologisch. Aber auch jede Psyche ist einzigartig. Der Niederschlag persönlicher Erfahrungen, damit gekoppelte Wertungen, die kreative Auseinan-

dersetzung zwischen Bedürfnis und Anforderungen bilden ein eigenes System aus und prägen das Wesen auf eine einzigartige, eben individuelle, Art und Weise. Diese Prägungen beeinflussen wiederum die Art und Weise, wie neue Erfahrungen gemacht werden. Das zeigt sich daran, dass schon minimal komplexe Sachverhalte die Streubreite der Erfahrungen und Einschätzungen der beteiligten Personen erheblich anwachsen lassen.

Individualismus

Besser zur Abgrenzung der Individuation eignet sich der Begriff *Individualismus*. Wörter die auf -ismus enden, bezeichnen oft eine Haltung, eine Tendenz, und drücken ein Streben nach etwas Bestimmtem aus. Unter Individualismus versteht C. G. Jung „ein absichtliches Hervorheben und Betonen der vermeintlichen Eigenart im Gegensatz zu kollektiven Rücksichten und Verpflichtungen[1]." Es wird eine allgemeine Maske aufgesetzt, „eine Maske, die Individualität vortäuscht, die andere und einen selber glauben macht, man sei individuell, während es

---

[1] Carl Gustav Jung, 1972, S. 65

doch nur eine gespielte Rolle ist[2]." Die Unterschiede sind jedoch unbewusst und nur oberflächlicher Natur, z.B. in gewagter oder vermiedener Extravaganz, in affektiertem oder stereotypem Verhalten usw. Die Ziele des Individualismus sind aufgesetzt, meist auf ein äusseres Objekt bezogen, und entsprechend stimmt das Dargestellte mit dem bzw. der Darstellenden, dem Wesen an sich, nicht überein. Auch die Individuation drückt eine Haltung und das Streben nach etwas Bestimmtem aus. Dennoch unterscheidet sie sich in jeder Beziehung vom Individualismus, will sie doch das Wesen an sich zum Ausdruck bringen.

Individuation

Dieses „Wesen an sich" zu erkennen, ist gar nicht einfach. Ein Mensch ist derart vielfältigen inneren bzw. äusseren Einflüssen und Gegebenheiten ausgesetzt, dass es einen Prozess braucht, um zu sich selber zu finden. Ein Prozess, der unablässig unterscheidet, was das eigene Wesen ausmacht, und was nicht.

---

[2] C. G. Jung, 1972, S. 47

Der Kern der Psyche bildet in der Jungschen Psychologie *das Selbst*. Ausdruck des Selbst ist die bewusste individuelle Persönlichkeit. Entsprechend braucht C. G. Jung *Verselbstung* und *Selbstverwirklichung* als Synonyme für Individuation. Wichtig ist, dass bei diesen Begriffen die ihnen innewohnende Prozesshaftigkeit nicht vergessen wird. Es zeugt daher von begrifflicher Schärfe, wenn anstelle von Selbstverwirklichung vom Selbstverwirklichungsprozess, bzw. anstelle von Individuation vom Individuationsprozess gesprochen wird.

Ein psychisches System setzt sich zusammen aus dem Bewusstsein, dem persönlichen und dem kollektiven Unbewussten und dem Selbst. Das Bewusstsein wiederum ist geprägt von den individuell gemachten Erfahrungen mit sich selber, den eigenen Anlagen, und den Erfahrungen mit der Umwelt, bzw. den Möglichkeiten und Grenzen, die sich daraus ergeben. Hier setzt der Individuationsprozess als *Differenzierungsprozess* ein. Aus einem kollektiven und vorwiegend unbewussten Einzelwesen wird Schicht für Schicht die bewusste individuelle

Persönlichkeit freigelegt und unterscheidet sich entsprechend immer stärker[3].

Im Gegensatz zur Verselbstung beim Individuationsprozess spricht C. G. Jung denn auch beim Individualismus von *Entselbstungen* zugunsten einer äusseren Rolle bzw. einer eingebildeten Bedeutung. In ersterem Fall tritt das Selbst in den Hintergrund gegenüber der sozialen Anerkennung, in letzterem gegenüber der autosuggestiven Bedeutung eines Urbilds[4]. In dieser Aussage zeigt sich die Form des Individuationsprozesses nochmals deutlich als zweifachen Differenzierungsprozess: nach aussen und nach innen.

Zum Schluss dieses Kapitels können wir die Definition des Individuationsprozesses wie folgt zusammenfassen:

„Die Individuation ist allgemein der Vorgang der Bildung und Besonderung von Einzelwesen, speziell die Entwicklung des psychologischen Individuums als eines vom Allgemeinen, von der Kollektivpsyche unterschiedenen Wesens.

---

[3] Vgl. Mario Jacobi, 1985, S. 98
[4] C. G. Jung, 1972, S. 65

Die Individuation ist daher ein Differenzierungs-
prozess, der die Entwicklung der individuellen
Persönlichkeit zum Ziele hat[5]."

---

[5] C. G. Jung, 1972b, S. 138

3. Licht und Schatten, die Differenzierung nach innen und nach aussen

Differenzieren heisst unterscheiden. Im Fall des Individuationsprozesses wird unterschieden, was zum Selbst gehört und was nicht. Dieser Prozess führt über die wichtigsten Konzeptionen von C. G. Jung:

Persona, Schatten, Komplexe, Animus, Anima, persönliches und kollektives Unbewusstsein.

Sie alle können als zu bewältigende Aufgaben des Individuationsprozesses angesehen werden.

Mensch und Gesellschaft

Der Mensch kann sich den Anpassungsanforderungen seitens der Gesellschaft nicht entziehen, am wenigsten kann das ein Kind. Das Persönliche wächst aus der Kollektivpsyche und ist damit aufs Innigste verbunden[6]. Die Stärke der Forderung lässt sich am Mass der darauf folgenden Repression ablesen, falls diese nicht eingehalten wird bzw. am Mass der sozialen Anerkennung im umgekehrten Fall. Da Anpassungsleistungen des Individuums nicht immer

---

[6] C. G. Jung, 1972, S. 43

kreativ einen Weg zwischen den *Anforderungen von aussen* und den *inneren Bedürfnissen* finden können, legt dieses sich eine Maske zu. Die Maske, in der Jungschen Psychologie *Persona* genannt, „ist ein kompliziertes Beziehungssystem zwischen dem individuellen Bewusstsein und der Sozietät, passenderweise eine Art Maske, welche einerseits darauf berechnet ist, einen bestimmten Eindruck auf die anderen zu machen, andererseits die wahre Natur des Individuums zu verdecken[7]." Wir haben es hier mit einer paradoxen Struktur zu tun. Einerseits nimmt die Ähnlichkeit des Individuums mit der Kollektivpsyche durch die Anpassung an die Gesellschaft zu, gleichzeitig wird durch die *Maske*, die *Persona*, die *unterschiedlich ausgefüllte Rolle*, eine Abgrenzung des Individuums geschaffen. „Sie ist aber, wie ihr Name sagt, nur eine Maske der Kollektivpsyche, eine Maske, die Individualität vortäuscht, die andere und einen selber glauben macht, man sei individuell, während es doch nur eine gespielte Rolle ist, in der die Kollektivpsyche spricht[8]." Die Per-

---

[7] C. G. Jung, 1972, S. 85
[8] ebd., 1972, S. 47

sona ist „ein Kompromiss zwischen Individuum und Societät über das, *als was Einer er-
scheint*[9]." Rollenanforderungen werden niemals
von zwei Menschen identisch gespielt. Das liegt
daran, dass in der Persona „etwas Individuelles
liegt, und dass trotz einer ausschliesslichen
Identität des Ich-Bewusstseins mit der Persona
das unbewusste Selbst, die eigentliche Individualität, doch stets vorhanden ist und, wenn
auch nicht direkt, so doch indirekt sich bemerkbar macht[10]." Das heisst, in der Persona findet
sich bereits ein Ausdruck des Individuellen, des
Selbst, wenn auch unbewusst. Das unbewusste
Selbst kann „nicht dermassen verdrängt werden, dass es sich nicht bemerkbar machen würde[11]."

Ich und Welt

Nicht immer gelingt der Kompromiss zwischen
Individuum und Societät. Es kommt zwangs-
läufig zu Konflikten, zu Zusammenstössen bzw.
zu Situationen, in denen ein Individuum über-

---

[9] C. G. Jung, 1972, S. 47
[10] ebd., S. 47
[11] ebd., S. 47

fordert ist. Nicht alle Konflikte haben denselben Stellenwert für ein Individuum, was sich unschwer an der Heftigkeit der Reaktion ablesen lässt. Einzelne grössere Konflikte, Traumas, viele wiederkehrende kleinere Verletzungen und/oder Reizworte können jedoch immer wieder einen bestimmten „Nerv" eines Individuums treffen und emotionale Überreaktionen hervorrufen. Solche *krisenanfällige Stellen*, oder *Energiezentren* werden von C. G. Jung *Komplexe* genannt und geben Hinweise auf das Unerledigte im Individuum[12]. Die bei konstellierten Komplexen freigesetzte Energie kann als Wegweiser des Individuationsprozesses angesehen werden, denn die energiebesetzten Themen weisen auf unerledigte Teile der eigenen Geschichte hin.

Neben diesen krisenanfälligen Stellen, bezeichnet C. G. Jung auch das *Ich*, d.h. das Zentrum des Bewusstseinsfeldes, das Identitäts- und Kontinuitätserleben, als *Ich-Komplex*[13]. Ich-Komplexe zeichnen sich, wie alle Komplexe, durch zwei Themen aus: Beim *Entwicklungs-*

---

[12] Verena Kast, 1999, S. 44, 49, 51, 52
[13] M. Jacobi, 1985, S. 57

thema geht es um Autonomie, Selbstausdruck, Selbstbewusstsein, beim *Hemmungsthema* um soziale Strukturen, aussen, und um abgespaltene Komplexe, innen[14]. Es sind also Grenzerfahrungen, die den Ich-Komplex bestimmen und ausmachen. Grenzen, die immer wieder angepasst werden müssen, sowohl nach aussen, zwischen einem selbst und der Welt, als auch nach innen, zwischen dem Ich-Komplex und den abgegrenzten anderen Komplexen. Erfolgreich bewältigte äussere und innere Auseinandersetzungen mit diesen Grenzen führen dazu, dass der Ich-Komplex immer kohärenter wird.

Licht und Schatten

Aus der kollektiven Psyche entwickelt sich allmählich eine zunächst unbewusste Persönlichkeit und mit der Zeit immer stärker werdend eine bewusste Persönlichkeit. Für C. G. Jung ist der Beginn dieses Werdens abhängig vom Grad der Abhängigkeit von den Eltern sowie von der körperlichen Reifung: „Die seelische Geburt und damit die bewusste Unterscheidung von den Eltern erfolgt normalerweise erst mit dem

---

[14] V. Kast, 1999, S. 73

Einbruch der Sexualität im Pubertätsalter[15]."
Der Mensch im Jugendalter entwickelt ein Interesse für sich selbst. Er entwickelt auf der Basis seines *Gewordenseins* Phantasien, die darum kreisen, „wie wir wirken, was wir bewirken, wie wir sein möchten, wie wir leben möchten, welchen Erfolg wir haben möchten usw.[16]" Diese Phantasien stehen mehr oder weniger im Widerspruch zu den tatsächlich gelebten Anteilen und zu den Anforderungen der Gesellschaft, z.B. Moral resp. Sittlichkeit. Die Seiten, die mit diesem Selbstbild nicht übereinstimmen werden übersehen, vergessen, verdrängt, zum *Schatten* und damit unbewusst[17]. Der Schatten bezeichnet also diejenigen Persönlichkeitsanteile, die bei der Bewusstseinsentwicklung nicht integriert werden, die im Gegensatz zum bewusst wahrgenommen Ich stehen. Diese Gegensatzproblematik verdeutlicht ein wichtiges Merkmal des Selbst: die Ganzheit. C. G. Jung nannte das Selbst „eine Vereinigung der Gegensätze" ohne die „es keine Erfahrung der

---

[15] C. G. Jung, 1983, S. 148
[16] V. Kast, 1999, S. 70f.
[17] ebd., S. 71

Ganzheit" gibt[18]. Im Individuationsprozess stellt sich diese paradoxe Eigenschaft des Selbst auf besondere, schwerwiegende Weise. „Gut und Böse verlieren ihre scharf umrissenen Konturen" und stellen an den Menschen, mit guten und mit dunkeln Kräften seines Selbst konfrontiert, neue ethische Forderungen[19]. Zwischen Gut und Böse zu entscheiden, ist für den *individuierten Menschen* eine ausserordentlich anspruchsvolle Aufgabe, eine durchwegs schöpferische jenseits aller Konventionen. Denn „ohne gründliche Kenntnis des „Guten und Bösen" des Ich und des Schattens gibt es keine Erkenntnis des Selbst[20]." Ohne diese Erkenntnis können die negativen Auswirkungen des Schattens nur unbefriedigend limitiert werden, denn „bleibt der Schatten unbewusst, so ist ihm der Mensch in viel höherem Masse ausgeliefert, und er kann leicht zum Werkzeug des Bösen werden[21]."

---

[18] C. G. Jung, 1984, S. 25
[19] Aniela Jaffé, 1985, S. 128
[20] C. G. Jung, 1949, Briefe II, S. 145; zit. aus A. Jaffé, 1985, S. 129
[21] A. Jaffé, 1985, S. 125

Persönliches und Kollektives

Die verdrängten, aber bewusstseinsfähigen Teile des Unbewussten konstituieren nach C. G. Jung das persönliche Unbewusstsein[22]. Der Schatten gehört demnach vorwiegend zum persönlichen Unbewusstsein. Diese Schicht des Unbewusstseins ist aber eng mit dem kollektiven Unbewusstsein verbunden. Denn je „mehr man durch Selbsterkenntnis und dementsprechendes Handeln seiner selbst bewusst wird, desto mehr verschwindet jene dem kollektiven Unbewussten aufgelagerte Schicht des persönlichen Unbewussten[23]." Das kollektive Unbewusstsein enthält Unpersönliches, Kollektives in Form vererbter Kategorien oder Archetypen[24]. Hier wird deutlich, dass im Differenzierungsprozess der Individuation nicht nur nach aussen hin, sondern auch nach innen zwischen Eigenem und Fremdem, also die Zugehörigkeit zum Selbst, unterschieden werden muss. Der Unterschied liegt in der Sichtbarkeit. Während im Fall der Gesellschaft der Einfluss sichtbar ist,

---

[22] C. G. Jung, 1972, S. 45
[23] ebd., S. 70
[24] ebd., S. 24

bleibt dieser im Fall des kollektiven Unbewusstseins verborgen[25]. Der Weg vom persönlichen zum kollektiven Unbewusstsein führt über die Aufhebung der persönlichen Verdrängungen. Dann „tauchen, miteinander verschmolzen, Individualität und Kollektivpsyche auf[26]." Anhaltspunkt dafür, dass im Individuationsprozess der Bereich des kollektiven Unbewusstseins erreicht wurde, sind archetypische Bilder, die kosmische Qualitäten aufweisen, zeitlich und räumlich endlos sind, sich durch enorme Geschwindigkeit und Ausdehnung, z.B. körperlich, auszeichnen, mythische oder religiöse Motive enthalten usw.[27] In dieser unvermeidlichen Stufe des Individuationsprozesses wächst der Einfluss des kollektiven Unbewusstseins und das Bewusstsein verliert seine führende Macht[28]. Es folgt ein Zustand psychischer Gleichgewichtsstörung, welcher „auf die Herstellung eines neuen Gleichgewichts abzielt (...) vorausgesetzt, dass das Bewusstsein imstande ist, die vom Unbewussten produzierten Inhalte

---

[25] C. G. Jung, 1972, S. 42
[26] ebd., S. 49
[27] ebd., S. 50
[28] ebd., S. 50

zu assimilieren, das heisst zu verstehen und zu verarbeiten[29]." Es ist also nötig, dass man sich „seines unsichtbaren Beziehungssystems zum Unbewussten (...) bewusst wird, um sich [davon] unterscheiden zu können. Von etwas Unbewussten kann man sich nicht unterscheiden[30]."

Archetypen: Selbst, Animus und Anima

Sich des kollektiven Unbewussten bewusst zu werden ist ein unerreichbares Unterfangen. Das folgende Zitat verdeutlicht diese Aussage: „Könnte man das Unbewusste personifizieren, so wäre es ein kollektiver Mensch, jenseits der geschlechtlichen Besonderheit, jenseits von Jugend und Alter, von Geburt und Tod, und würde über die annähernd unsterbliche menschliche Erfahrung von ein bis zwei Millionen Jahren verfügen. Dieser Mensch (...) hätte das Leben des Einzelnen, der Familien, der Stämme und Völker unzählige Male erlebt und besäße den Rhythmus des Werdens, Blühens und Vergehens im lebendigsten innersten Ge-

---

[29] C. G. Jung, 1972, S. 51f.
[30] ebd., S. 88

fühl[31]." Das Unbewusstsein stellt also in der Jungschen Psychologie einen unendlichen Schatz, einen „Niederschlag aller Erfahrungen durch alle Ahnenreihen[32]" dar, der in uns vorhanden ist und unsere Reaktionen in typischen Lebenssituationen mitbestimmt. Im Gegensatz zum persönlichen Unbewusstsein, dessen Inhalte persönliche Erfahrungen sind, die aus dem Bewusstsein verschwunden sind, „waren die Inhalte des kollektiven Unbewussten nie im Bewusstsein und wurden somit nie individuell erworben, sondern verdanken ihr Dasein ausschließlich der Vererbung[33]." Die unbewusste Bereitschaft zu menschlichem Verhalten, Reagieren und Erleben wird in der Jungschen Psychologie durch den Begriff des *Archetypus* ausgedrückt. Archetypen gibt es deshalb auch so viele, wie es typische Situationen im Leben gibt[34]. Ist ein solcher konstelliert, d.h., sind wir von einem archetypischen Bild ergriffen, bewirkt er eine Entwicklung[35].

---

[31] Vgl. C. G. Jung, 1931, S. 383
[32] ebd., 1972, S. 83
[33] ebd., 1991, S. 45
[34] ebd., S. 51
[35] V. Kast, 1999, S. 162

Selbst

So muss auch der Antreiber für eigenständige Entwicklung, für den Individuationsprozess, ebenfalls ein Archetypus sein: das Selbst. Als Archetypus der Einheit, als Zentrum und als Totalität des Psychischen überhaupt ist es Mittelpunkt und Ganzheit zugleich und schliesst beides, Bewusstsein und Unbewusstsein, ein[36]. Wie alle Archetypen ist auch das Selbst unbeschreibbar und unbestimmbar – also lediglich als unerreichbarer Horizont vorhanden. Es manifestiert sich in Form von archetypischen Bildern, in Symbolen der Ganzheit – Kreis, Kugel, Dreieck, Kreuz – aber auch häufig auch als Symbol der Vereinigung der Gegensätze, z.B. im Symbol eines Liebespaares[37]. Als Symbol der Ganzheit bezieht sich das Selbst nicht nur auf das eigene Ich, sondern auch auf die Entwicklung des Menschlichen an sich[38]. Hier wird ein weiterer Unterschied zum Individualismus deutlich. Denn Individuation heisst nicht nur, dass es den Menschen „zu dem bestimmten

---

[36] C. G. Jung, 1984, S. 30, 47f.
[37] V. Kast, 1999, S. 14
[38] ebd., S. 15

Einzelwesen macht, das er nun einmal ist", sondern bedeutet auch „eine bessere und völligere Erfüllung der kollektiven Bestimmungen des Menschen, indem eine genügende Berücksichtigung der Eigenart des Individuums eine bessere soziale Leistung erhoffen lässt, als wenn die Eigenart vernachlässigt oder gar unterdrückt wird[39]." Die hier angedeutete „bessere soziale Leistung" darf jedoch nicht durch konventionelle Anschauungen, wie z.B. „Leistungsoptimierung", ersetzt werden. Was eine bessere soziale Leistung ausmacht, muss in einem schöpferischen Prozess eigenständig bezeichnet werden, wie bereits im Abschnitt „Licht und Schatten" (S. 23) besprochen.

Animus und Anima

Als weitere wichtige Archetypen im Individuationsprozess erscheinen Bilder von Animus und Anima. Während Anima vor allem für das Weibliche, Lebendige und die Beziehungsfunktion steht, bezeichnet Animus das Männliche, Schöpferische und Geistige. Beide, Animus und Anima, offenbaren sich sowohl bei Frauen als

---

[39] V. Kast, 1999, S. 65

auch bei Männern in Form von archetypischen Bildern[40]. Dass es sich um Archetypen handelt – und nicht um den Schatten, zeigt sich unter anderem daran, dass Archetypen eine numinose Wirkung haben, faszinierend, geheimnisvoll-unbekannt sind, eine grosse Dynamik entfachen und schöpferische Phantasie anregen. Anima-Figuren sind z.B. gute Feen, Hexen, Huren, Heilige, Nymphen und kleine Mädchen; Animus-Figuren wären zwingende Patriarchen, geheimnisvolle Fremde, göttliche Jünglinge, faszinierende Denker, aufbrechende Propheten und blitzschleudernde Gottheiten. Nicht zuletzt treten sie auch oft als Paar auf[41].

Animus und Anima besitzen als Archetypen viel Macht und üben eine grosse Anziehung aus, z.B. über Werte oder andere wichtige und einflussreiche Dinge, wie etwa verführerische Versprechungen[42]. Im Individuationsprozess geht es nun darum, dass Menschen ihre Verschiedenheit nicht nur von der Persona, son-

---

[40] Die Diskussion, ob sich Animus nur beim Mann bzw. Anima sich nur bei der Frau offenbart, wird hier im Sinne der in V. Kast, 1984, vertretenen These dargestellt.
[41] V. Kast, 1984, 163ff.
[42] C. G. Jung, 1972, S. 94

dern auch von der Anima bzw. dem Animus einsehen, die Verdrängungen der gegenteiligen Züge und Neigungen aufheben, und dies, ohne sich von diesen Archetypen vereinnahmen zu lassen.

4. Auslöser des Individuationsprozesses

Bei aufmerksamer Lektüre der vorausgegangenen Ausführungen dürfte nicht entgangen sein, dass die Prozesse der Individuation als Auseinandersetzung des Bewusstseins mit dem Unbewussten angesehen werden können. Bevor jedoch darauf näher eingegangen werden kann, stellt sich die Frage nach dem Anfang des Individuationsprozesses. Es ist wichtig aufzuklären, wie es möglich sein soll, dass etwas Unbewusstes im Menschen zu wirken beginnt, obwohl es doch unbewusst ist. Wie kann der Mensch darin *bewusst* seinen Weg erkennen und sich *bewusst* von etwas noch Unbewusstem abgrenzen?

Bewusster und unbewusster Individuationsprozess

In der Struktur der Psyche, wie sie von C. G. Jung vertreten wird, nimmt das Ich die Stellung des Subjekts des Bewusstseins und das Selbst das Subjekt der gesamten Psyche ein, auch der unbewussten[43]. In welchem Grad und mit welchen Konsequenzen sind diese Subjekte am In-

---

[43] C. G. Jung 1921/50/, S. 471

dividuationsprozess beteiligt? Dazu C. G. Jung: „Der Unterschied zwischen dem natürlichen, unbewusst verlaufenden und dem bewusst gemachten Individuationsprozess ist gewaltig. In ersterem Fall greift das Bewusstsein nirgends ein; das Ende bleibt daher so dunkel wie der Anfang. In letzterem Fall dagegen kommt so viel Dunkles ans Licht, dass einerseits die Persönlichkeit durchleuchtet wird, andererseits das Bewusstsein unvermeidlich an Umfang und Einsicht gewinnt[44]."

Der Auslöser des bewussten Individuationsprozesses muss demnach ganzheitlich orientiert sein, Bewusstes und Unbewusstes einschliessend. Dies entspricht dem Selbst. Nur dieses kann vom „Blickwinkel" des Ganzen aus noch unbewusste Beschränktheit „wahrnehmen" und dem Bewusstsein aufzeigen. Denn: „unser Selbst als ein Inbegriff unseres lebenden Systems enthält (...) nicht nur den Niederschlag und die Summe alles gelebten Lebens, sondern ist auch der Ausgangspunkt, der schwangere Mutterboden alles zukünftigen Lebens, dessen Vorahnung dem inneren Gefühl ebenso deut-

---

[44] C. G. Jung. zit. 2007 in: http://www.opus-magnum.de/evers/mythos/html/evers_mythos_opus_magnum_02.html

lich gegeben ist, wie der historische Aspekt[45]."
Damit ist allerdings noch nicht geklärt, wie das
Selbst bzw. dessen unbewusster Anteil sich be-
merkbar machen.

Inneres Gefühl, äussere Not

Das Bewusstsein erhält vom unbewussten Teil
des Selbst ein Signal, das es aufnehmen kann
oder auch nicht: „Man hat ein Gefühl von dem,
was sein sollte und was sein könnte. Von dieser
Ahnung abzuweichen bedeutet Abweg, Irrtum
und Krankheit[46]." Offensichtlich ist es einem
freigestellt, ob man diesem Gefühl folgen will
oder nicht. Entscheidend dürfte sein, welcher
Typologie man eher entspricht, ob eine intro-
vertierte oder extravertierte Orientierung vor-
herrscht: „Dem Mann mit der Persona [dem
Extravertierten] leuchtet natürlich der Gesichts-
punkt der Existenz innerer Realitäten nicht im
geringsten ein, so wenig wie dem anderen [dem
Introvertierten] die Realität der Welt, die für ihn
bloss den Wert eines amüsanten oder phantasti-

---

[45] C. G. Jung, 1972, S. 85
[46] ebd., S. 90

schen Spielplatzes hat[47]." Dies würde bedeuten, dass es nur dem Introvertierten vorbehalten ist, den Weg der Individuation zu gehen, wäre da nicht etwas, „das dem Unbewussten wirksam gegenüber steht, und das ist eine äussere unzweifelhafte Not[48]." Denn „ohne Not verändert sich nichts, am wenigsten die menschliche Persönlichkeit. Sie ist ungeheuer konservativ, um nicht zu sagen inert[49]." C. G. Jung setzt die äussere Not der inneren gleich, denn „wer etwas mehr vom Unbewussten weiss, der erkennt aber auch hinter der äussern Not dasselbe Gesicht, das ihn zuvor von Innen anschaute[50]." Wenn C. G. Jung von Not spricht, ist jedoch nicht einfach von kleineren Krisen die Rede, sondern er meint damit „zerstörende Erlebnisse, die einen Menschen gänzlich brechen oder wenigstens dauernd verkrüppeln können[51]."

---

[47] C. G. Jung, 1972, S. 93
[48] ebd., S. 58
[49] ebd., 1983, S. 126
[50] ebd., 1972, S. 58
[51] ebd., S. 54

Bestimmung

Es sind sowohl feine Hinweise vom Selbst in Form des Gefühls was sein sollte und könnte, die einen Menschen auf den Pfad des bewussten Individuationsprozesses führen können, als auch – bei fortwährender Missachtung dieser Ahnungen – innere oder äussere Notsituationen starken Ausmasses. C. G. Jung empfiehlt jedoch ausdrücklich niemandem, den Weg zu erzwingen, „der nicht durch die Not gezwungen darnach greift[52]", denn „nicht wer die Möglichkeit, sondern vielmehr wer die Notwendigkeit eines solchen Lebens in sich hat, der wird durch seine Natur dazu gezwungen[53]." Daraus lässt sich schliessen, dass nicht jeder Mensch diese innere Bestimmung für den bewussten Individuationsprozess in sich trägt, denn dies hiesse, dass es sich um „einen allgemeinen (teleologisch zu denkenden) Plan handelte", sich demnach „alle Individuen, die sich noch einer übermässigen Unbewusstheit erfreuen, durch einen unwiderstehlichen Drang zu höherer Bewusstheit getrieben werden", was „offenkundig nicht der

---

[52] C. G. Jung, 1972, S. 97
[53] ebd., S. 58

Fall ist[54]." „Das Wort: Viele sind berufen, und wenige sind auserwählt, gilt hier wie nirgends[55]." Die „Bestimmung" scheint für C. G. Jung das wichtigste Kriterium zu sein, ob für jemanden der Individuationsprozess von Belang ist. Die oben beschriebene Not erhält nachrangigere Bedeutung, wenn es um die Entscheidung geht, den eigenen Weg zu wählen: „Die Not kann es nicht sein, denn Not kommt an viele, und sie retten sich alle in die Konvention[56]." Bestimmung ist wiederum nichts anderes, als das bereits beschriebene Gefühl der Vorahnung, das sich durch verstärkte Zuwendung und Aufmerksamkeit in eine Stimme verwandelt hat. „Bestimmung heisst im Ursinn: *von einer Stimme angesprochen werden*[57]." Diese wirkt wie ein inneres Gesetz, von dem es kein Abweichen gibt, denn: „die Tatsache, dass sehr viele an ihrem eigenen Weg zugrunde gehen, bedeutet dem, der Bestimmung hat, nichts. Er *muss* dem eigenen Gesetz gehorchen, wie wenn es ein Dämon wäre, der ihm neue, seltsame

---

[54] C. G. Jung, 1972, S. 77
[55] ebd., 1983, S. 126
[56] ebd., S. 129
[57] ebd., 1983, S. 130

Wege einflüstert. Wer Bestimmung hat, hört die Stimme des Inneren, er ist bestimmt[58]."

[58] C. G. Jung, 1983, S. 129f.

5. Der bewusste Individuationsprozess

An dieser Stelle werden die wichtigsten Formen der Auseinandersetzungen des Ichs mit dem Unbewussten im Individuationsprozess dargestellt. Die grundlegende Form ist diejenige eines „Zwiegesprächs[59]" mit sich selbst, oder anders formuliert, die einer „dialektischen Auseinandersetzung zwischen dem Bewusstsein und dem Unbewussten[60]." Diese Dialektik, von C. G. Jung auch transzendente Funktion genannt, kann nur geführt werden, wenn eine Form von *Dissoziation*[61] hergestellt wird, das Unbewusste als Subjekt also dem Ich im Dialog gegenübersteht und in der Phantasie laut wird[62]. Diesen Prozess nennt C. G. Jung *Assimilation des Unbewussten* und liefert dazu als „plumpe Versuche des ungeschickten Geistes" ein Bild, wie sich dieser vorstellen lässt: „man [kann] sich diese Assimilation als eine Art von Annäherung zwischen Bewusstsein und Unbewusstem denken, wobei das Zentrum der totalen Persönlichkeit

---

[59] C. G. Jung, 1972, S. 95
[60] ebd., 1984, S. 10
[61] ebd., 1972, S. 95
[62] ebd., S. 95

nicht mehr mit dem Ich zusammenfällt, sondern ein Punkt in der Mitte zwischen Bewusstsein und Unbewusstem ist. Dies wäre der Punkt des neuen Gleichgewichtes, eine neue Zentrierung der Gesamtpersönlichkeit, ein vielleicht virtuelles Zentrum, welches der Persönlichkeit wegen seiner zentralen Lage zwischen Bewusstsein und Unbewusstem eine neue sichere Grundlage gewährt[63]." Eine solche neue Zentrierung der Persönlichkeit braucht bestimmte Fähigkeiten, ja sogar Künste. C. G. Jung empfiehlt, sich in den folgenden Künsten zu üben:

o Zu sich selber aus einem Affekt heraus und im Rahmen desselben zu sprechen.
o Rede und Gegenrede einander so lange folgen zu lassen, bis ein befriedigendes Ende der Diskussion gefunden ist [d.h. Dialektik].
o Das, was die andere Seite möglicherweise sagen könnte, nicht vorschnell vorwegnehmen.
o Jede Illusion von Macht und Bedeutung des beschränkten Ich fallen zu lassen.
o Sich beim Dialog mit Kritik zurückhalten.

---

[63] C. G. Jung, 1972, S. 117

o Sich selbst gegenüber peinliche Ehrlichkeit walten zu lassen.

o Dem Erleben der Phantasie den Vorrang einräumen, nicht dem Verstehen oder Deuten.

o Das Unbewusste völlig zu erleben ohne die Phantasie zu konkretisieren oder Angst davor zu haben.

o Sich nicht gehen lassen im Erleben, sondern aktiv teilnehmen und bewusst eingreifen.[64]

Das Unbewusste manifestiert sich für uns unter anderem über:

o Träume

o freisteigende (spontane, Anm. d. Verf.) Einfälle

o unbewusste Störungen des Handelns

o Erinnerungstäuschungen

o Vergesslichkeiten

o Symptomhandlungen usw.[65]

Ein Anhaltspunkt, dass ein solcher Dialog mit dem Unbewussten die Form des „Wirklichen" annimmt, wir also mit all unseren Sinnen, unse-

---

[64] C. G. Jung, 1972, S. 97, S. 108, S. 111f., 125
[65] ebd., 1972a, S. 20

rer Aufmerksamkeit und unseren Emotionen daran beteiligt sind, ergibt sich aus der Wirkung, denn: „wirklich ist, was wirkt. Die Phantasien des Unbewussten wirken – darüber ist kein Zweifel gestattet[66]."

Diese allgemeinen Hinweise der Ausgestaltung des dialektischen Prozesses im Rahmen des Individuationsprozesses können nun in Bezug zu den in Kapitel 3 beschriebenen Differenzierungsaufgaben gesetzt werden.

Persona
Hier geht es darum, den Anteil des Selbst in der gespielten Maske zu erkennen und das Mass der Anpassung an die Ansprüche seitens der Gesellschaft. Als Indikatoren, dass eine solche Auseinandersetzung vonnöten ist, dienen Symptome, die durch eine übermässige Identifikation mit der sozialen Rolle entstehen. Eine zu künstliche Persönlichkeit kann allerlei unbewusste Reaktionen, z.B. Launen, Affekte, Ängste, Zwangsvorstellungen, Schwächen, Laster, usw., auslösen und ist zudem eine ergiebige

---

[66] C. G. Jung, 1972, S. 113

Quelle von Neurosen[67]. Übertriebener Schein, Künstlichkeit und Identifikationen mit der Maske können im Verlauf des Individuationsprozesses abgebaut und Rollen authentischer ausgefüllt werden. Dieses Unterfangen ist allerdings vom Selbstwertgefühl abhängig, denn die Maske hat auch die Funktion eines Schutzwalls. Um diesen abzubauen, wird ein besseres Selbstwertgefühl benötigt.

Nicht zu vergessen ist auch der umgekehrte Fall, der einer zu stark vernachlässigten Persona. Anzeichen dafür sind negative soziale Reaktionen und Repressionen, welche auf die Missachtung von Konventionen folgen und bei der Person, welche die Persona vernachlässigt, Enttäuschungen und Leiden verursachen. Beides kann im Extremfall so stark werden, dass eine grosse Not entsteht und eine Auseinandersetzung mit der vernachlässigten Persona unabdingbar wird.

Komplexe

Zusammenstösse, Konflikte und Situationen, die immer wieder ähnliche emotionale Reaktio-

---

[67] C. G. Jung, 1972, S. 87

nen hervorrufen, weisen auf störungsanfällige Stellen, die Komplexe, hin und hindern die Entwicklung. An diesen Stellen liegt etwas Schöpferisches verborgen, zudem enthalten diese Reaktionen auch „gerade jene Energie, die der Leidende braucht, um sich weiterzuentwickeln[68]." Diese Stellen sind unbewusst und Unbewusstes hat die Eigenschaft, dass man es entweder projiziert oder sich damit identifiziert. Das gilt auch für die Komplexe[69]. Im ersten Fall, der Projektion, wird die Wahrnehmung verzerrt und im zweiten Fall, der Identifikation, verwechseln wir uns selbst mit dem Komplex. Der Weg, um Unbewusstes bewusster werden zu lassen, führt nun über diese energiebesetzten Stellen. In der Auseinandersetzung mit diesen können in den Komplexen angezeigte verzerrte Wahrnehmungen vermieden und falsche Einschätzungen korrigiert werden.

Anders liegt der Fall, wenn es um den Ich-Komplex geht. Ein Ich-Komplex, der viel mit unserem Selbstwertgefühl zu tun hat, wird meistens dann konstelliert, wenn wir versagen

---

[68] V. Kast, 1999, S. 54
[69] Vgl. ebd., S. 58

und uns deshalb schämen, oder andere in uns Seiten entdecken und wir uns blossgelegt oder gekränkt fühlen[70]. In der Regel reagieren wir auf eine solche Situation mit stereotypen Verhaltensweisen. Diese können die Form von Grössenphantasien, idealisierten Bildern von anderen, Spiegelidentifikationen, Zerstörungswut, Entwertungen, u.a.m. annehmen[71]. Gelingt die Kompensation durch stereotype Verhaltensweisen nicht, so „erleben wir eine Fragmentierung. Wir fühlen uns total verwirrt, können uns nicht mehr orientieren, die Ich-Funktionen versehen ihren Dienst nicht mehr, wir sind von verschiedenen Emotionen gepackt[72]." Es ist keine Frage, dass in Fällen, in denen die Selbstregulierung der Psyche nicht mehr funktioniert, therapeutische Hilfe notwendig ist. An dieser Stelle soll daher nur Grundsätzliches zum Umgang mit Komplexen im Individuationsprozess dargelegt werden. Hier geht es, wie die nachfolgende Liste zeigt, vor allem um Wahrnehmung, die eigenen Erfahrungen und um Trau-

---

[70] V. Kast, 1999, S. 88
[71] ebd., S. 90ff.
[72] ebd., S. 101

erprozesse. Allgemeine Möglichkeiten im Umgang mit Komplexen (kein Therapieersatz) sind:

o Den Komplex wahrnehmen.

o Das Selbstgefühl wahrnehmen [beim Ich-Komplex].

o Phantasien, die im Zusammenhang mit dem Komplex stehen, wahrnehmen und ausdrücken.

o Trauer darüber, dass Bilder der anderen nicht mit den eigenen übereinstimmen.

o Trauer darüber, dass uns Grenzen aufgezeigt worden sind.

o Erinnerungen an gute Lebenssituationen, Beziehungen, Akzeptanz-Erlebnisse usw.[73]

Der Prozess der Individuation führt bei den Komplexen durch unerledigte Teile der eigenen Geschichte, führt uns eigene Grenzen vor Augen, die kontinuierlich neu bestimmt und angepasst werden können. Dieser Prozess kann jedoch nie abgeschlossen werden, denn „die Schwierigkeit besteht (...) darin, dass wir von unserer Persönlichkeit nur den Teil kennen, der

---

[73] V. Kast, 1999, S. 89, 108

uns bewusst zugänglich ist. Es ist immer wieder eine eindrückliche Erfahrungstatsache, dass wir uns in vielen Situationen plötzlich zum Rätsel werden, obwohl wir uns zu kennen glaubten[74]."

Schatten

In oben erwähntem Sinn kann das bewusste Ich immer nur einen Teil der gesamten Persönlichkeit, des Selbst, ausmachen. Wie bereits im Abschnitt „Licht und Schatten" (S. 23) erwähnt, werden diejenigen Anteile, die nicht zur bewussten Einstellung passen, abgespalten, verdrängt, vergessen. „Der Schatten stellt immer die *andere Seite* des Ichs dar und verkörpert meistens gerade diejenigen Eigenschaften, die man an anderen Leuten am meisten hasst[75]." Der Individuationsprozess führt in Richtung Ganzheit, deshalb wird es zu einer Aufgabe, diese Polarität aufzuheben. An deren Stelle tritt eine Paradoxie. Für eine Persönlichkeit heisst dies, dass sie Kraft eigener Vernunft, eigener Entscheidung und Verantwortung polarisierende Fragen, wie z.B. diejenige nach Gut und Bö-

---

[74] M. Jacobi, 1985, S. 57
[75] Marie-Louise von Franz, 1968, S. 172

se, sorgfältig behandeln muss, ohne auf konventionelle Antworten zurückgreifen zu können. Dazu braucht es Wissen, Einsicht, entwickeltes Bewusstsein, Mut und gutes Stehvermögen, denn die eigenen Entscheidungen lassen einen immer wieder in Gegensatz zu Konventionen treten. Dazu C. G. Jung: „Nichts ist gut oder schön, das nicht ins kollektive Schema passt[76]." Nicht nur äussere Konflikte sind die Folge, sondern auch innere. So hat C. G. Jung aufzeigen können, „dass in der menschlichen Psyche oft zwei *moralische* Mächte wirken: der kollektive Moralkodex (...) einerseits und eine direkt sprechende individuelle *ethische* Stimme des Gewissens andererseits[77]." Damit wird deutlich, dass ethische Konflikte stark herausfordernde, wiederkehrende Momente im Prozess der Individuation sind. Weil man konventionelle Werte nicht mehr einfach übernehmen kann bzw. will, können Umwertungen notwendig werden. Jede Situation wird nun als etwas Einzigartiges und als etwas gesondert zu Behandelndes angesehen. Konventionelle Regeln verlieren ihre all-

---

[76] C. G. Jung, 1968, S. 29
[77] M.-L. von Franz, 1968, S. 176

gemeine Gültigkeit. Die Jungsche Psychologie stellt die Bewusstwerdung des Schattens deshalb gleich mit der Symbolik der heiligen Hochzeit, in welcher die Gegensätze zu einer Einheit verschmelzen, die keine Gegensätze mehr enthält und inkorruptibel ist[78].

Kollektives Unbewusstsein

Der Weg vom persönlichen zum kollektiven Unbewusstsein führt über die Aufhebung des Schattens und der Komplexe. Da aber das persönliche Unbewusstsein aus dem kollektiven stammt, sind Individualität und Kollektivpsyche noch innig miteinander verschmolzen[79]. Wegen der noch vorhandenen Vermischung von persönlichem und kollektivem Unbewusstsein wird Kollektives „missverständlicherweise in das Inventar der persönlichen psychischen Funktionen" aufgenommen, und es „tritt eine Auflösung der Persönlichkeit in ihre Gegensatzpaare ein. Neben dem (...) gerade in der Neurose so überaus deutlichen Gegensatzpaar *Grössenwahn/Minderwertigkeitsgefühl* gibt es noch

---

[78] C. G. Jung, 1984, S. 42
[79] ebd., 1972, S. 43

viele andere Gegensatzpaare, *das Gute und das Böse, die Tugenden und die Laster*[80]." Es kommt zu beidseitigen Illusionen: „Der eine nun rechnet sich die Kollektivtugend als persönliches Verdienst, der andere das Kollektivlaster als persönliche Schuld zu[81]."

Es geht also an dieser Stelle des Individuationsprozesses darum, persönliche Inhalte von den Inhalten der Kollektivpsyche zu trennen. Als Indiz für Kollektives gelten „archaische Symbolismen, wie sie in Phantasien und Träumen so häufig anzutreffen sind." Zudem sind „alle Grundtriebe und Grundformen des Denkens und Fühlens" kollektiv sowie „alles, worin die Menschen übereingekommen sind, dass es allgemein sei, und „alles, was allgemein verstanden, vorhanden, gesagt und getan ist. Bei genauerer Betrachtung ist man immer wieder erstaunt zu sehen, wie viel an unserer sogenannt individuellen Psychologie eigentlich kollektiv ist. Es ist so viel, dass das Individuelle dahinter ganz verschwindet. Da nun aber die Individuation eine ganz unumgängliche psy-

---

[80] C. G. Jung, 1972, S. 37
[81] ebd., S. 37

chologische Forderung ist, so lässt sich aus der Betrachtung der Übermacht des Kollektiven ermessen, was für eine ganz besondere Aufmerksamkeit man dieser zarten Pflanze *Individualität* schenken muss, damit sie vom Kollektiven nicht völlig erstickt wird[82]."

C. G. Jung warnt davor, dem Numinosen der Archetypen, ihrer Suggestivgewalt, zu viel Raum zu geben, sich von ihnen tragen zu lassen und auf sie hineinzufallen. Denn „die Besessenheit durch einen Archetypus macht den Menschen zu einer bloss kollektiven Figur, zu einer Art Maske, hinter der das Menschliche sich nicht mehr entwickeln kann, sondern zunehmend verkümmert[83]." Das hiesse nichts anderes als sich das „Ich (...) sich etwas angeeignet, was ihm nicht zugehört[84]."

Diese Auseinandersetzung, die Trennung von Persönlichen und Kollektiven führt nicht zu einem „Sieg des Bewusstseins über das Unbewusste", sondern zur „Herstellung eines Gleichgewichtes zwischen beiden Welten[85]."

---

[82] C. G. Jung, 1972, S. 43
[83] ebd., S. 130
[84] ebd., S. 125
[85] ebd., 1972, S. 125

„Dieses Etwas ist der gesuchte *Mittelpunkt* der Persönlichkeit, jenes unbeschreibliche Etwas zwischen den Gegensätzen oder das Vereinigende der Gegensätze oder das Resultat des Konfliktes oder die *Leistung* der energetischen Spannung, das Werden der Persönlichkeit, ein individuellster Schritt vorwärts, die nächste Stufe[86]." Dieser Mittelpunkt ist also nichts anderes als das Selbst. Dieses hat wiederum zwei Aspekte: *Mein Selbst*, „also das, was meine Ganzheit werden kann, was ich werden kann im Laufe meines Lebens, was ich in mir entfalten kann, wenn ich möglichst viel zulassen kann[87]", und *das Selbst*, „der ewige oder universale Mensch in uns, einfach der Mensch, der runde, d.h. vollkommene Mensch der Ur- und Endzeit, Anfang und Ziel des Menschen überhaupt[88]."

---

[86] C. G. Jung, 1972, S. 126
[87] V. Kast, 1999, S. 14
[88] ebd., 1999, S. 15

6. Ziel, Zweck und Konsequenzen des Individuationsprozesses

Das Bewusstsein ist es gewohnt, rational und zielorientiert zu denken. Entsprechend wird es sich auch fragen, wohin die Reise führt und was für Vor- bzw. Nachteile dafür in Kauf genommen werden müssen. Allerdings ist es dem Bewusstsein verwehrt, dem Unbewusstsein eine Richtung vorzugeben, denn der Mechanismus des sich selbst regulierenden psychischen Systems läuft in die andere Richtung: Das Unbewusstsein kompensiert Fehlverhalten des Bewusstseins, indem es auf bewusste Inhalte reagiert. Die ganz andere Beschaffenheit des Unbewusstseins macht es dem Bewusstsein nicht einfach, zu verstehen, was es zum Ausdruck bringen will. Zudem erwartet einen das Ungewisse, folgt man dieser inneren Stimme, diesem Gefühl der Vorahnung. Das wird deutlich, wenn C. G. Jung von einer falschen Annahme spricht, wenn man sich das Unbewusstsein vorstellt als etwas, das „nach einem überlegten, allgemeinen Plane handle und bestimmte Ziele und deren Verwicklung" erstrebe[89].

Wenn es demzufolge auch nicht möglich sein soll, allfälliges Ziel eines Individuationsprozesses zu erkennen, so können immerhin Zwecke beschrieben werden. C. G. Jung mahnt jedoch vor allzu schnellen Schlüssen, denn „es gibt seelische Zwecke, die jenseits bewusster Zwecke liegen, ja ihnen sogar feindlich gegenübertreten können[90]." Die beiden Differenzierungsprozesse, nach aussen und nach innen, offenbaren den eigentlichen Zweck der Individuation, nämlich „das Selbst aus den falschen Hüllen der Persona einerseits und der Suggestivgewalt unbewusster Bilder andererseits zu befreien[91]." Auf diese Weise kann man sich „Anpassung und Schutz gegen das Unsichtbare[92]" erwerben. Dieser Schutz kann von hoher Bedeutung sein, denn ohne die verwandelnde Kraft behält das „Unbewusste einen unvermindert bedingten Einfluss" und wird „gegebenenfalls neurotische Symptome unterhalten und

---

[89] C. G. Jung, 1972, S. 77
[90] ebd., S. 111
[91] ebd., 1972, S. 65
[92] ebd., S. 99

behaupten, trotz aller Analyse und trotz allen Verstehens[93]." Erst durch „die Bewusstmachung der Phantasie wird diese verhindert, unbewusst zu verlaufen[94]." Dieser Bewusstmachungsprozess führt zu einem erweiterten Bewusstsein, die dominierenden Einflüsse des Unbewusstseins nehmen ab und die Persönlichkeit verändert sich[95]. Diese Persönlichkeitsveränderung, die durch die Auseinandersetzung bzw. dem Prozess der Assimilation des Unbewusstsein hervorgerufen wird, nennt C. G. Jung *transzendente Funktion*[96]. Ein nächstes Zitat von C. G. Jung macht deutlich, wie tiefgreifend diese Funktion wirkt, denn niemand, der ihn völlig durchlaufen hat, „wird die Tatsache leugnen, dass er dadurch im Tiefsten ergriffen und verändert wurde[97]." Eine Veränderung, die jedoch nicht unbedingt von Bestand sein muss, denn „es gibt (...) schlechterdings keine Veränderung, welche unbedingt und auf längste Sicht hinaus gültig wäre. Das Leben will immer wieder aufs

---

[93] C. G. Jung, 1972, S. 107
[94] ebd., S. 114
[95] ebd., S. 114
[96] ebd., S. 115
[97] ebd., S. 116

Neue erworben werden[98]." Diese Stelle macht deutlich, dass der Individuationsprozess nicht ein bestimmtes Ziel verfolgen kann, wie zu Beispiel Stabilität. Eine solche kann zwar die Folge einer tieferen Auseinandersetzung sein, beschränkt sich aber eher auf die Innenwelt. Allerdings tritt eine neue Schwierigkeit auf, die darin besteht, dass „sich eine individuelle Gegebenheit nicht reibungslos in eine typische Norm einfügen lässt, sondern eine individuelle Konfliktlösung erfordert, soll die Ganzheit der Persönlichkeit als lebensfähig erhalten bleiben[99]." Diesen Umstand hat C. G. Jung an anderer Stelle als *Einsamkeit* bezeichnet, die einen im Prozess der Individuation erwartet, „denn die Entwicklung der Persönlichkeit aus ihren Keimanlagen zur völligen Bewusstheit ist ein Charisma und zugleich ein Fluch: ihre erste Folge ist die bewusste und unvermeidliche Absonderung des Einzelwesens von der Ununterschiedenheit und Unbewusstheit der Herde. Das ist *Vereinsamung*, und dafür gibt es kein tröstlicheres Wort. Davon befreit auch keine

---

[98] C. G. Jung, 1972a, S. 15
[99] ebd., S. 15

noch so erfolgreiche Anpassung oder noch so reibungslose Einpassung in die bestehende Umgebung, keine Familie, keine Gesellschaft und keine Position. Die Entwicklung der Persönlichkeit ist ein solches Glück, dass man es nur teuer bezahlen kann[100]."

---

[100] C. G. Jung, 1972a, S. 126

Literaturverzeichnis

Jacoby, Mario (1985).
Individuation und Narzissmus. Psychologie des Selbst bei C. G. Jung und H. Kohut. Verlag J. Pfeiffer, München

Jaffé, Aniela (1985).
Parapsychologie – Individuation – Nationalsozialismus. Daimon Verlag, Zürich

Jung, Carl Gustav (1931).
Das Grundproblem der gegenwärtigen Psychologie. In ders.: Gesammelte Werke Band 8. Patmos-Walter-Verlag, Düsseldorf.

Jung, Carl Gustav; von Franz, Marie-Louise; Henderson, Joseph L.; Jacobi, Jolande; Jaffé, Aniela (1968).
Der Mensch und seine Symbole. Walter-Verlag AG, Olten

Jung, Carl Gustav (1972).
Die Beziehungen zwischen dem Ich und dem Unbewussten. Walter-Verlag AG, Olten

Jung, Carl Gustav (1972a).
Zum Wesen des Psychischen. Walter-Verlag
AG, Olten

Jung, Carl Gustav (1972b).
Typologie. Walter-Verlag AG, Olten.

Jung, Carl Gustav (1984).
Traumsymbole des Individuationsprozesses.
Walter-Verlag AG, Olten.

Jung, Carl Gustav (1983).
Das C. G. Jung Lesebuch. Ausgewählt von
Franz Alt. Walter-Verlag AG, Olten.

Jung, Carl Gustav (1991).
Archetypen. dtv Verlag, München.

Kast, Verena (1999).
Die Dynamik der Symbole. Grundlagen der
Jungschen Psychotherapie. Patmos Verlag
GmbH, Düsseldorf

Kast, Verena (1984).
Paare. Beziehungsphantasien oder wie Götter
sich in Mensch spiegeln. Literarische Agentur,
Zürich

Über den Autor

Michel Voisard vereint in seinem Denken Soziales und Psychisches sowohl in theoretischer wie auch in praktischer Hinsicht. Als Soziologe mit Studium in Psychologie, Medienwissenschaften und Sozialer Arbeit gelingt es ihm komplexe Gegebenheiten zu erkennen, zu unterscheiden und zu beobachten. Als langjähriger Geschäftsführer, Coach, Prozessbegleiter und Transaktionsanalytiker bringt er auch die nötige Praxiserfahrung mit und das zum Handeln erforderliche Wissen um Kommunikation, Entwicklung und Prozessgestaltung.

Michel Voisard, geboren 1966, ist Autor weiterer Sachbücher zu den Themen Prävention und Freizeitpädagogik. Von ihm sind im Carl Auer Verlag erschienen:

Soziokulturelle Animation
Ein systemtheoretischer Beitrag zur Freizeitpädagogik
Präventiv Intervenieren
Plädoyer für eine angemessene Beurteilung der Möglichkeiten von Prävention

Weitere seiner Arbeiten sind veröffentlicht auf: **www.irritation.ch.**